BEI GRIN MACHT SICH IHR WISSEN BEZAHLT

Bibliografische Information der Deutschen Nationalbibliothek:

Die Deutsche Bibliothek verzeichnet diese Publikation in der Deutschen National-
bibliografie; detaillierte bibliografische Daten sind im Internet über http://dnb.d-
nb.de/ abrufbar.

Impressum:

Copyright © 2017 GRIN Verlag, Open Publishing GmbH
Druck und Bindung: Books on Demand GmbH, Norderstedt Germany
ISBN: 9783668509627

Dieses Buch bei GRIN:

http://www.grin.com/de/e-book/373646/virtualisierung-von-betriebssystemen-z-b-
vmware-unter-windows-10

David Dederer

Virtualisierung von Betriebssystemen (z.B. VMWare) unter Windows 10

GRIN Verlag

GRIN - Your knowledge has value

Der GRIN Verlag publiziert seit 1998 wissenschaftliche Arbeiten von Studenten, Hochschullehrern und anderen Akademikern als eBook und gedrucktes Buch. Die Verlagswebsite www.grin.com ist die ideale Plattform zur Veröffentlichung von Hausarbeiten, Abschlussarbeiten, wissenschaftlichen Aufsätzen, Dissertationen und Fachbüchern.

Besuchen Sie uns im Internet:

http://www.grin.com/

http://www.facebook.com/grincom

http://www.twitter.com/grin_com

Inhaltsverzeichnis

I Abbildungsverzeichnis.. III

II Abkürzungsverzeichnis IV

1 Virtualisierung Allgemein... 1

    1.1   Typ-1 und Typ-2-Hypervisioren... 1

    1.2   Virtualisierung der x86-Architektur 2

    1.3   Virtualisierung auf Prozessorebene... 3

    1.4   Speichervirtualisierung.. 4

    1.5   Ein- / Ausgabevirtualisierung.. 7

2 Virtualisierung mit VMware.. 8

    2.1   Allgemein... 8

    2.2   Verschachtelte Virtualisierung – Windows 10................................. 12

3 Literaturverzeichnis... 13

I Abbildungsverzeichnis

Abbildung 1: Platzierung der Typ-1- und Typ-2-Hypervisoren 1

Abbildung 2: Schutzringe und ihre Rechte 2

Abbildung 3: Umsetzung einer virtuellen in eine physikalische Adresse 5

Abbildung 4: Anbindung der MMU... 6

Abbildung 5: Obere Komponente des VMM von VMware (ohne HW-Unterstützung)....... 8

Abbildung 6: Die VMware Hosted Architecture und ihre drei Komponenten 10

Abbildung 7: Unterschiede zwischen normalen Kontextwechsel und World Switch 11

Abbildung 8: Schematischer Aufbau verschachtelter Virtualisierung 12

II Abkürzungsverzeichnis

API	Application Programming Interface
	(Schnittstelle zur Anwendungsprogrammierung)
DMA	Direct Memory Access
GDT	Globale Deskriptor Tabelle
IDT	Interrupt Deskriptor Tabelle
IDTR	IDT Register
LDT	Lokale Deskriptor Tabelle
MMU	Memory Management Unit
TLBI	Translation Lookaside Buffer
VMM	Virtual Maschine Monitor
VMM	Virtual Maschine Monitor
VMX	Virtual Maschine Executable

1 Virtualisierung Allgemein

1.1 Typ-1 und Typ-2-Hypervisioren

Generell wird zwischen zwei verschiedenen Möglichkeiten der Virtualisierung unterschieden, wie es erstmals Popek und Goldberg[1] 1974 aufgezeigt haben. Die erste Möglichkeit der Virtualisierung ist der Hypervisor 1 (siehe Abbildung 1, links). Der Typ-1-Hypervisor ist das einzige Programm, welches mit den höchsten Privilegien läuft, und entspricht damit nach technischen Aspekten dem Betriebssystem. Ähnlich den Prozessen, die auf einen normalen Betriebssystem laufen, unterstützt dieser mehrere Kopien der realen Hardware, sogenannte virtuelle Maschinen.

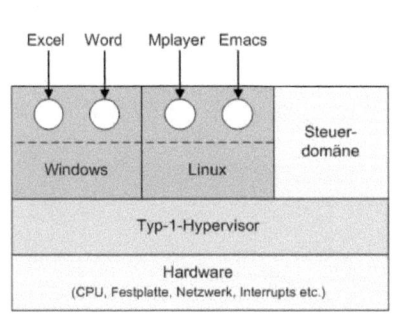 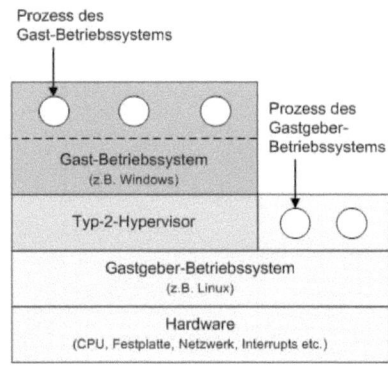

Abbildung 1: Platzierung der Typ-1- und Typ-2-Hypervisoren[2]

Der Typ-2-Hypervisor, manchmal auch gehostetet Hypervisor genannt, arbeitet gegenüber dem Typ-1-Hypervisor auf eine andere Art und Weise. Ähnlich einem gewöhnlichen Prozess belegt und ordnet dieser Ressourcen zeitlich zu, wie ein Benutzerprogramm das beispielsweise auf Windows oder Linux basiert. Weiterhin simuliert der Typ-2-Hypervisor, ein vollständiger Rechner mit einer CPU und diversen Geräten zu sein. Dennoch müssen sowohl der eine als auch der andere Hypervisortyp den Befehlssatz der Maschine auf sichere Art ausführen. So ist es beispielsweise möglich, dass das Betriebssystem, welches oberhalb des Hypverisors läuft, seine eigenen Seitentabellen verändern oder sogar durcheinanderbringen kann, allerdings nicht die Tabellen von anderen. Bei beiden Hypervisoren wird das Betriebssystem, das

---

[1] *Popek, G. J./Goldberg, R. P.*, Formal requirements for virtualizable third generation architectures, 1974, Vgl. S. 413
[2] *Tanenbaum, A. S.*, Moderne Betriebssysteme, 2016, S. 581

oberhalb von diesen läuft, Gast-Betriebssystem genannt (siehe Abbildung 1). Beim Typ-2-Hypervisor ist zwischen ihm und der Hardware das Gastgeber-Betriebssystem. Die VMware Workstation war der erste Typ-2-Hypvervisor auf dem x86-Markt.[3]

1.2 Virtualisierung der x86-Architektur

Aufgrund des Designs der x86-CPUs von Intel und AMD, muss die Virtualisierungsschicht einige Befehle abfangen, die vom Gastsystem an die CPU gesendet werden. Privilegierte CPU-Instruktionen dürfen ausschließlich vom zuerst gestarteten Betriebssystem verwendet werden, damit dieses über später gestartete Anwendungen die Kontrolle behält. Es existieren verschiedene Modi in der x86-Architektur, die sich beim Zugriff auf besondere Speicherbereiche und spezifische Instruktionen unterscheiden. Der Aufbau bzw. die Einteilung der verschiedenen Berechtigungsstufen innerhalb eines Prozessors ist in Abbildung 2 dargestellt. Die meisten Privilegien besitzt der Ring 0, Supervisormodus, Current Privilege Level 0 (CPL0) oder aber auch Kernel Mode genannt. In dieser höchsten Privilegierungsstufe erfolgt über die konventionellen Betriebssysteme und Gerätetreiber der Zugriff auf alle Speicherbereiche und Interrupts (Clear Interrupts und Set Interrupts), d.h. hier erfolgt die Ausführung der privilegierten Befehle. Im Ring 1 und Ring 2 arbeiten beispielsweise Betriebssystemtreiber. Im Ring 3 oder auch Nutzermodus respektive User Mode, befinden sich die immanenten Applikationen der Betriebssysteme. Anwendungen verfügen in dieser Ebene über sehr wenige Rechte. Dieser Modus wird daher auch als nicht privilegierter Modus bezeichnet. Ein privilegierter Befehl eines Programms wird an

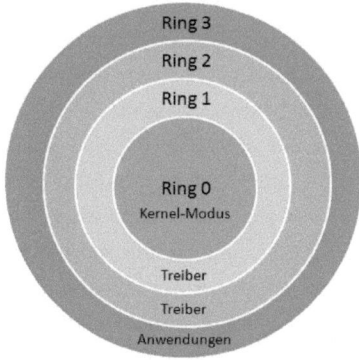

den Ring 0 eines Betriebssystems weitergeleitet. Es gibt bei den meisten x86 Kernels, drei Hauptfunktionen die es im Ring 0 zu schützen gilt. Den Speicher, Input/Outputs und die Möglichkeit bestimmte Befehle in der Maschinensprache, auch Assembler genannt, auszuführen. Es kommt zu schwerwiegenden Problemen, wenn mehrere Betriebssysteme parallel zueinander ausgeführt werden. Aus diesen Gründen ist die Virtualisierung in der x86-Architektur besonders schwer möglich.

Abbildung 2: Schutzringe und ihre Rechte[4]

---

[3] *Bugnion, E.* u. a., Bringing Virtualization to the x86 Architecture with the Original VMware Workstation, 2012

1.3 Virtualisierung auf Prozessorebene

Ein besonders wichtiges Differenzierungskriterium der Instruktionen eines Prozessors sind die privilegierten und unprivilegierten Befehle. Erstere sind solche, bei denen Instruktionen auf Hardwareebene abgefangen werden können. Alle weiteren werden als unprivilegierte Befehle bezeichnet. Privilegierte Befehle haben die Möglichkeit Traps auszulösen, eine Art Interrupt die durch die Software initiiert wird. Sie dienen dazu, relevante aber seltene Bedingungen innerhalb der Software zu bearbeiten, wie zum Beispiel die Division durch Null.

Die privilegierten Befehle werden in der CPU im Nutzermodus selektiert und im Supervisormodus modifiziert. Die Selektion findet mit den privilegierten Befehlen in der CPU im Nutzermodus statt und die Modifikation im Supervisormodus, d.h. die virtuellen Maschinen laufen ausschließlich außerhalb vom Ring 0. Die Aufgabe des Hypervisors ist die Überprüfung der Befehlsausführung auf der CPU. Der Exception-Handler dagegen bekommt nach einem Trap den Befehl, bei Ausnahmen weitere Schritte durchzuführen. Der aktuelle Zustand wird als allererstes gesichert und anschließend in den Supervisormodus gewechselt, auch Sprung genannt. Die Ausführung eines Dispatch erfolgt durch den Handler, ebenso die Emulierung von privilegierten Befehlen. Zur Beendigung des Handlers wird der ursprüngliche Zustand wiederhergestellt. Die Emulierung des privilegierten Befehls muss durch ein Dispatch vom Handler erfolgen.

Für die Unterstützung werden mindestens zwei Modi von einem Prozessor benötigt, diese sind der Nutzermodus und der Supervisormodus. Im ersteren sind die virtuellen Maschinen und ihre immanenten Applikationen aktiv. Abhängig von der Art der Virtualisierung befindet sich im Supervisormodus das Host-System oder der Hypervisor.

Die Instruktionen unterscheiden sich auch von sensitiven und nicht sensitiven Befehlen. Sensitive Befehle sind Instruktionen, die eine Veränderung des Betriebssystemzustands oder der virtuellen Maschinen verursachen. Dabei ist zu beachten, dass die Befehle der virtuellen Maschine nicht direkt auf dem Prozessor ausgeführt werden, ansonsten würde der Status der Isolation der virtuellen Maschinen verloren gehen. Es kann unter Umständen zu einem Systemabsturz kommen, wenn sich diese gegenseitig stark beeinflussen. Mit Hilfe der Traps wird jeder sensitive Befehl erfasst und ausgewertet. Jeder sensitive Befehl, der von einem Trap abgefangen wird, ist ebenfalls ein privilegierter Befehl. Die Emulierung der genannten Instruktionen erfolgt im Anschluss durch den Hypervisor, durch die Erzeugung des Emulationscodes zur Laufzeit, der

---

[4] *Fertig, A.*, Rechnerarchitektur Grundlagen, 2016, Vgl. S.208

anstatt der sensitiven Befehle ausgeführt wird. Zudem werden alle nicht-sensitiven Befehle direkt an die CPU weitergereicht und bearbeitet.

Bei der x86-Architektur kann es bei der Abarbeitung von sensitiven Befehlen vorkommen, dass kein Trap ausgelöst wird. Dies kann unter Umständen geschehen, wenn unprivilegierte Befehle einige sensitive Instruktionen enthalten, wie es beispielsweise bei den Befehlsätzen der Intel Pentium Prozessoren zutrifft. Die privilegierten Befehle können aufgrund des fehlenden Traps nicht vom Hypervisor emuliert werden. Nur durch das Prescan oder Scan Before Execution Verfahren ist es möglich, solche Instruktionen zu erkennen. Dies gilt aber auch als Grund für die aufwendige Virtualisierung auf Prozessorebene. Die Ursache dafür liegt in der deutlichen Mehrarbeit, die vom Hypervisor bei dem Prescan Verfahren geleistet werden muss. Bei jeder Ausführung von sensitiven und zugleich privilegierten Befehlen müssen diese vor der Ausführung abgefangen werden und eine Überprüfung der Instruktionen erfolgen.

Probleme können auch bei ringabhängigen Instruktionen auftauchen, da deren Verhalten von der Priviligierungsstufe abhängig ist. Diese können nicht durch Traps erfasst und abgefangen werden, sondern ausschließlich mittels Prescan-Verfahren ermittelt werden. Eine ebenfalls kritische Befehlskategorie die zu Problemen führen kann sind die konfigurierbaren Instruktionen, die abhängig von bestimmten Zuständen ihr Verhalten ändern. Durch deren privilegierte Ausführung können diese zwar abgefangen werden, erfordern jedoch für die Identifizierung im Vorfeld das Prescan-Verfahren. Für die Virtualisierung entstehen damit einige Bedingungen die erfüllt werden müssen. Zum einem muss die Erfassung von sensitiven Befehlen, aber auch deren Emulierung sichergestellt sein. Zum anderem müssen von der CPU sowohl der Nutzermodus für die Erfassung von privilegierten Instruktionen, wie auch der Supervisormodus für die Bearbeitung der Befehle gegeben sein.

1.4   Speichervirtualisierung

Zur Konfliktvermeidung werden momentan notwendige Bestandteile einer Applikation im physischen Speicher gehalten, während die übrigen nur bei Bedarf eingefügt werden. Zudem gibt es die Option, dass der Zugriff auf eine Speicherseite erfolgen kann, die sich nicht im Haupt- sondern im Auslagerungsspeicher befindet. Um diesen Mechanismus umsetzen zu können, ist ein zweistufiges Adressensystem notwendig, welches sich aus Segment- und Seitentabellen zusammensetzt. Zudem ist ein weiterer Adressraum notwendig.

Für die doppelte Adressübersetzung werden Shadow Tables verwendet, welche die virtuellen Adressen der virtuellen Systeme auf den realen physischen Adressraum abbilden. Die Konvertierung der virtuellen in physische Adressen wird durch die Memory Management Unit (MMU) umgesetzt (vgl. Abbildung 4). Die Umsetzung von einer virtuellen in eine physikalische Adresse ist in Abbildung 3 erkennbar. Hier wird die virtuelle Seitenummer für den Index der Seitentabelle getrennt. Die physikalische Adresse setzt sich aus den Einträgen des Offsets der virtuellen Adresse sowie der Indexstelle zusammen. Unabdingbar bei der Virtualisierung des Speichers, ist die Kontrolle über die Speicher Deskriptor Tabellen. Diese Tabellen müssen gegenüber den virtuellen Systemen verborgen bleiben, da diese inhärente Informationen über die Zuordnung der virtuellen auf die physischen Adressen enthalten. Bei zeitgleichem Aufruf auf die Speicher Deskriptor Tabellen von einem Gast- und einem Host-System, würde es unvermeidlich zu einem Konflikt kommen. Zudem müssen die lokale Deskriptor Tabelle (LDT) und die globale Deskriptor Tabelle (GDT) virtualisiert werden. Die LDT ist essentiell für den Speicherschutz, da diese als Fundament zur Isolation von Tasks herangezogen wird. Weiterhin ist es erforderlich, dass jedem virtuellen System eine eigene Interrupt Deskriptor Tabelle (IDT) zugewiesen wird, die vom Hypervisor gelesen und beschrieben werden kann.

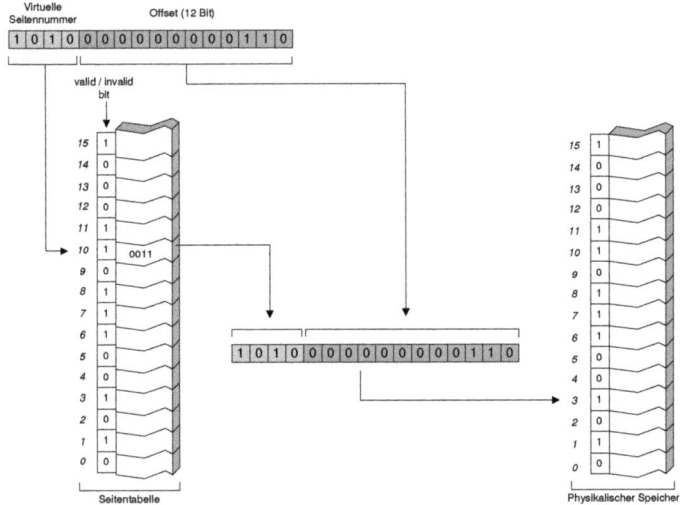

Abbildung 3: Umsetzung einer virtuellen in eine physikalische Adresse[5]

---

[5] *Fertig, A.*, Rechnerarchitektur Grundlagen, 2016, Vgl. S.204

Durch die Segmentierung in den linearen Adressraum wird der virtuelle Adressraum vom Gast-System konvertiert. Da dies ein eindimensionaler Modus ist, wird ein zusätzlicher Adressraum erforderlich. Der Paging Mechanismus ermöglicht die Überführung von Adressen aus dem linearen Adressraum hinein in die virtuellen physischen Adressen. Gast-Systeme können allerdings den virtuellen physischen Adressraum nicht als virtualisiert identifizieren.

Eine virtuelle physische Adresse erfordert eine virtuelle physische Seitenrahmennummer sowie den Offset einer Seite, der von der realen Seite entnommen werden kann und wie bei dem realen physischen Adressraum bei null beginnt. Die Zuordnung zwischen den linearen und den entsprechenden virtuellen physischen Adressen ist innerhalb der Seitentabelle definiert, die ihre Einträge aus der Seitenrahmennummer erhält. Damit jedes virtuelle System ausschließlich auf seine eigenen Speicherbereiche zugreifen kann, erhält jedes System zusätzlich seine eigene Deskriptor Tabelle. Desweiteren ist eine zusätzliche Stufe der Konvertierung notwendig, um Adressen aus dem virtuellen physischen in den realen physischen Adressraum zu übersetzen. Da es in der x86-Architektur nur zwei Stufen der Adressübersetzung gibt, muss diese vom Hypervisor angeboten werden. Um die virtuellen physischen Adressen zuzuordnen, wird in diesem finalen Schritt die Page Tabelle eingesetzt.

Die Unterteilung von realen physischen Adressen erfolgt in Seitenrahmennummern und Offsets. Ein großer Nachteil, der sich bei der Nutzung von virtuellem Speicher ergibt, ist die Konvertierung von virtuellen auf physische Adressen. Die Effizienz der Adressübersetzung kann durch die Verwendung eines Translation Lookaside Buffer (TLB) gesteigert werden. Dieser Übersetzungspuffer ist als Einheit der MMU vom Prozessor zu sehen und weist die gleiche Arbeitsweise wie die eines Caches auf. Die Speicherzugriffszeiten werden mittels TLB effizient gesteigert, da das Gast-System bei jedem Zugriff auf den virtuellen Speicher verifiziert, ob der TLB diese Adresse in einer Tabelle gespeichert hat. Sobald eine Speicherung vorliegt, kann die virtuelle der physischen Adresse daraufhin umgehend zugeordnet und zur Verfügung gestellt werden.

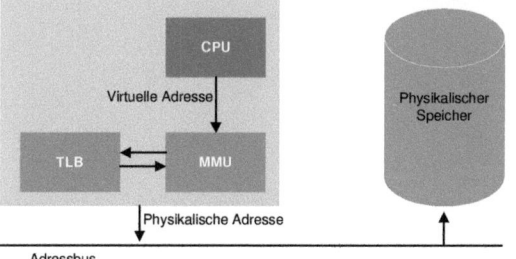

Abbildung 4: Anbindung der MMU[6]

---

[6] *Fertig, A.*, Rechnerarchitektur Grundlagen, 2016, Vgl. S.209

1.5   Ein- / Ausgabevirtualisierung

Die Kommunikation zwischen der virtuellen Hardware und der virtuellen Maschine erfolgt über den VMX-Treiber, der über den VMM bereitgestellt wird. Der VMX-Treiber, eine spezielle Art von Pseudotreiber, sorgt für die Virtualisierung der Ein- und Ausgabe. Dieser ist bei der Standalone-Architektur bereits im Kernel vorhanden und wird bei der Host-Guest-Architektur in das Betriebssystem eingebunden. Dieser Treiber ermöglicht es dem VMM virtuelle Geräte von bereits existierenden, nicht emulierten Geräten, einer Virtuelle Maschine bereitzustellen. Ebenfalls kann auf spezifische Geräte direkt zugegriffen werden. Die VMware Anwendung erhält über den Betriebssystemtreiber die Anweisung mit der Hardware zu kommunizieren, wenn die virtuelle Maschine mittels VMX-Treiber die physische Hardware ansteuert. Üblicherweise ist Hardware mit einer I/O-MMU versehen, die wie die MMU den Speicher, hier die Ein- / Ausgabegeräte, virtualisiert. Diese verwendet ebenfalls Seitentabellen um eine Speicheradresse auf eine physische Adresse abzubilden, wenn ein Gerät diese Geräteadresse verwenden möchte. Der Hypervisor kann innerhalb der virtuellen Umgebung den Zugriff mittels Seitentabellen definieren. Dadurch erhält ein Gerät, das DMA verwendet, ausschließlich Zugriff auf solche Speicherbereiche der virtuellen Maschine und der ihr zugeordneten Geräte.[7]

---

[7] *Tanenbaum, A. S.*, Moderne Betriebssysteme, 2016, Vgl. S.597

2 Virtualisierung mit VMware

2.1 Allgemein

VMware gehört wie in Kapitel 1.1 angedeutet zu dem Typ-2-Hypervisor und benötigt daher ein bereits installiertes Betriebssystem, wie beispielsweise Windows 10. VMware hat keinen direkten Zugriff auf die Hardware, sondern nutzt stattdessen den Hardwarezugriff des Host-Betriebssystems.[8] Die aktuelle Version der VMware Workstation 11 ist in der Lage, das Betriebssystem Windows 10 zu virtualisieren. Der modulare Aufbau der originalen VMM von VMware ist in Abbildung 5 erkennbar und wird im Folgenden näher beschrieben.

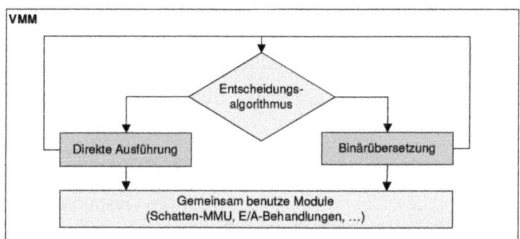

Abbildung 5: Obere Komponente des VMM von VMware (ohne HW-Unterstützung)[9]

Wie in Abbildung 5 zu sehen, besteht der VMM aus einem Entscheidungsalgorithmus, der definiert welches Teilsystem verwendet werden soll. Das Teilsystem wiederum wird in das direkt ausführbare Binärübersetzungsteilsystem unterteilt, die beide auf gemeinsam genutzten Modulen basieren. Dies könnte beispielsweise das Modul zur Emulation von Ein-/Ausgabegeräten oder auch zur Virtualisierung von Speicher durch Schattenseitentabellen sein. Vorzugsweise wird immer das Teilsystem „Direkte Ausführung" verwendet, während das Teilsystem Binärübersetzung in der Regel als Ausweichlösung genutzt wird, wenn die direkte Ausführung nicht möglich ist. Dies tritt beispielsweise ein, wenn sich die virtuelle Maschine in einem Zustand befindet, bei dem sie einen für die Virtualisierung sensitiven Befehl ausführt. Dadurch werden fortlaufend Anfragen an den Entscheidungsalgorithmus gesendet, um festzustellen ob ein Wechsel von einem zum anderen Teilsystem möglich ist. Dieser benötigt dafür einige Eingabeparameter, wie beispielsweise den momentanen Ausführungsring der virtuellen Maschine, die Information, ob Interrupts auf dieser Ebene möglich sind, sowie den Segmentzustand. Der Algorithmus ist aber nicht von Befehlen aus dem Arbeitsspeicher

---

[8] *TecChannel*, Ratgeber Virtualisierung und Cloud Computing, 2011, Vgl. S.17
[9] *Tanenbaum, A. S.*, Moderne Betriebssysteme, 2016, Vgl. S.611

abhängig, sondern lediglich von einem Wert einiger virtueller Register, womit die Auswertung deutlich effizienter gehalten werden kann. Die Binärübersetzung wird z.b. genutzt, wenn die virtuelle Maschine aktuell im Kernmodus läuft (Ring 0 in der x86-Architektur), Interrupts für die Ein-/Ausgabebefehle schaltet (nur möglich wenn in der x86-Architektur die Berechtigung auf E/A-Ebene auf der momentanen Ringebene eingeschaltet ist) oder sie sich im Real Mode befindet (veralteter Ausführungsmodus auf 16-bit-Rechnern).[10] Einige zusätzliche Bedingungen sind in Bugnion et al. (2012) zu finden. Der von VMware eingesetzte Binärübersetzer arbeitet nicht auf der Softwareebene, sondern konfiguriert stattdessen die Hardware soweit, dass dieser einfache Befehl erneut mit dem gleichen Befehl ausgeführt werden kann. Umgesetzt wird dies dadurch, dass der VMM die Hardware im Vorfeld so konfiguriert, dass diese exakt auf die Spezifikation der virtuellen Maschine angepasst ist. Durch die Nutzung von Schattenseitentabellen des VMM kann die MMU direkt genutzt werden und muss nicht emuliert werden. Zudem setzt der VMM einen analogen Schattenansatz für die Segment-Deskriptor-Tabellen ein.

Das VMware-Programm beinhaltet den VMX, VMM-Treiber und VMM, die im folgendem genauer beschrieben werden. Unter VMX wird ein Programm im Benutzerraum verstanden, welches für alle Funktionen hinsichtlich Nutzerinterkationen verantwortlich ist. Dieser startet die virtuelle Maschine und steuert den Großteil der Geräte-Emulationen (Frontend). Zusätzlich werden die allgemeinen Systemaufrufe zum Gastgeber-Betriebssystem für die Backend-Interaktionen ausgeführt. Pro virtuelle Maschine existiert generell ein Multithread-VMX-Prozess. Der VMM-Treiber wird im Gastgeber-Betriebssystem während des Bootvorgangs installiert und fungiert als kleiner Kernmodus-Gerätetreiber. Seine wichtigste Aufgabe ist die Ausführung des VMMs und seiner Befehle, welches durch die zeitweilige Unterbrechung des gesamten Gastgeber-Betriebssystems ermöglicht wird. Der VMM beinhaltet die gesamte Software, die für das Multiplexen von CPU und Speicher erforderlich ist. Dazu zählen die Ausnahmebehandlungsroutinen, die Unterbrechen-und-Emulieren-Routine, sowie der Binärübersetzer und die Schattenseitenmodule. Der VMM arbeitet außerhalb des Gastgeber-Betriebssystems, im Kernmodus und kann damit nicht auf Dienste des Gastgeber-Betriebssystems zurückgreifen. Jedoch unterliegt er nicht den Konventionen und Regeln, die vom Gastgeber-Betriebssystem auferlegt werden. Beim Start der virtuellen Maschine wird immer eine VMM-Instanz generiert. Es entsteht damit der Eindruck als ob VMware Workstation, obwohl der VMX als Prozess innerhalb vom

---

[10] *Tanenbaum, A. S.*, Moderne Betriebssysteme, 2016, Vgl. S.611

Betriebssystem, oberhalb eines existierenden Betriebssystems läuft. Der VMM arbeitet völlig unabhängig vom Gastgeber-Betriebssystem auf der Systemebene und erhält damit die vollständige Kontrolle über die Hardware.

In Abbildung 6 ist die Relation der einzelnen Komponenten ersichtlich. Sowohl der VMM als auch das Gastgeber-Betriebssystem besitzen jeweils eine Kern- und eine Benutzermoduskomponente und existieren auf einer Ebene. Um Konflikte zu vermeiden ist es notwendig, das Gastgeber-Betriebssystem für die Laufzeit des VMM aus dem virtuellen Speicher zu entfernen, da dieser die Hardware neu konfiguriert und alle Ausnahmen und Interrupts behandelt (Abbildung 6, rechts). Beispielsweise wird durch die neue Adresszuweisung vom IDTR-Register der Speicherort der Interrupttabelle innerhalb des VMM definiert. Umgekehrt wird der VMM und seine virtuelle Maschine aus dem virtuellen Speicher entfernt, sobald das Gastgeber-Betriebssystem ausgeführt wird (Abbildung 6, links). Diese Verbindung zwischen den beiden autarken Kontexten auf Systemebene wird auch als World Switch bezeichnet. Der vom Betriebssystem normalerweise realisierte Kontextwechsel verhält sich hier gegensätzlich, da hier die Software bei einem Wechsel vollständig ausgewechselt wird.[11]

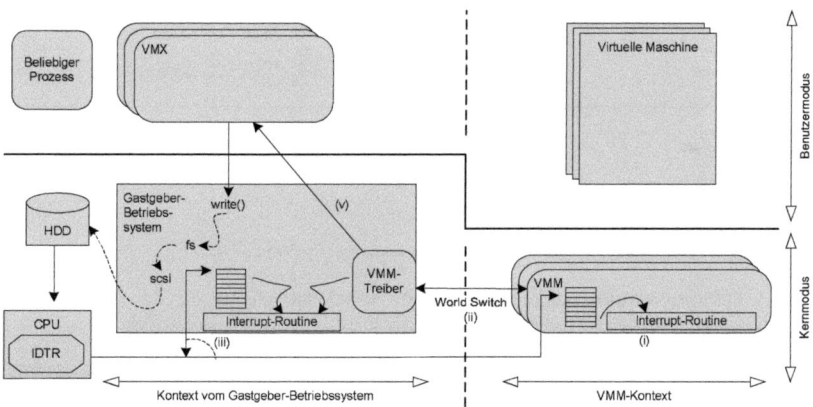

Abbildung 6: Die VMware Hosted Architecture und ihre drei Komponenten[12]

Der Gegensatz der beiden Wechselarten wird in Abbildung 7 dargestellt. Bei einem normalen Kontextwechsel zwischen den Prozessen A und B bleibt eine Reihe von empfindlichen Systemressourcen unangetastet. Die Register und der Benutzerteil des Adressraums werden hierbei ausgelagert. Unverändert bleiben auch die Routinen zur

---

[11] *Tanenbaum, A. S.*, Moderne Betriebssysteme, 2016, Vgl. S.617 f.
[12] *Tanenbaum, A. S.*, Moderne Betriebssysteme, 2016, Vgl. S.617

Ausnahmebehandlung und das Kernstück des Adressraums, da dieser für alle Prozesse identisch ist. Im Gegensatz dazu wird beim World Switch alles verändert, von den Routinen zur Ausnahmebehandlung über die privilegierten Register bis hin zum gesamten Adressraum. Der Kernadressraum des Gastgeber-Betriebssystems wird insbesondere nur dargestellt, wenn das System in seinem Kontext läuft. Um den VMM sowie die virtuelle Maschine auszuführen ist es notwendig, dass über den World Switch zum VMM-Kontext das vollständige Gastgeber-Betriebssystem aus dem virtuellen Adressraum entfernt wird, um dadurch den Speicherplatz freizugeben.

Der Kernadressraum vom Gast-Betriebssystem wird in jedem Fall geladen, sofern das System im VMM-Kontext läuft. Somit wird es dem Gast-Betriebssystem ermöglicht, den vollständigen Adressraum zu nutzen, insbesondere den identischen Speicherort, welches vom Gastgeber-Betriebssystem im virtuellen Speicher verwendet wird. Dieses Szenario tritt beispielsweise ein, wenn beide Systeme (Gastgeber- und Gast-) identisch sind (z.B. Windows). Die Funktionalität wird lediglich aufgrund der unabhängigen Kontexte und dem World Switch dazwischen gewährleistet.

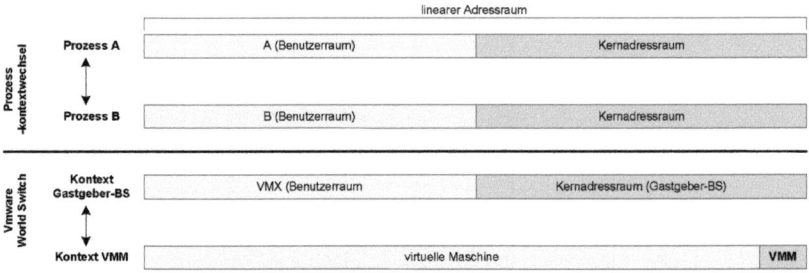

Abbildung 7: Unterschiede zwischen normalen Kontextwechsel und World Switch[13]

Der 4 MB große Adressraum, im obersten VMM-Bereich, ist für den VMM selber reserviert, kann jedoch nicht direkt von der virtuellen Maschine genutzt werden. Da jeder Zugriff vom Gast-Betriebssystem individuell emuliert werden muss, kann es auch in manchen Fällen zu einem Software-Overhead kommen.

Die unterschiedlichen Schritte eines Platten-Interrupt während der VMM-Laufzeit (Schritt (i)) sind ebenfalls in Abbildung 7 dargestellt. Aufgrund des fehlenden Backend-Gerätetreibers kann der VMM nicht den Interrupt bearbeiten. Der World Switch zurück zum Gastgeber-Betriebssystem wird vom VMM in Schritt (ii) durchgeführt. Konkret wird vom World-Switch-Code die Kontrolle an den VMware-Treiber zurückgegeben, die in Schritt (iii) durch den Platten ausgegeben Interrupt emuliert wurde. Die Interrupt-

---

[13] *Tanenbaum, A. S.*, Moderne Betriebssysteme, 2016, Vgl. S.618

Behandlungsroutine wird vom Gastgeber-Betriebssystem in Schritt (iv) innerhalb seiner Schaltkreise so durchlaufen, als hätte der Platten-Interrupt während der Ausführungszeit des VMware-Treiber stattgefunden, nicht aber im VMM. Die Kontrolle an die VMX-Anwendung wird vom VMware-Treiber in Schritt (v) zurückgegeben. Ob an dieser Stelle ein anderer Prozess eingeteilt oder der VMX-Prozess durchlaufen werden soll, kann vom Gastgeber-Betriebssystem entschieden werden. Die virtuelle Maschine wird fortgesetzt, sofern der VMX-Prozess weiterläuft, indem der Gerätetreiber mit einem besonderen Aufruf triggert, um einen World Switch zurück zum VMM-Kontext zu vollziehen. Dem Gastgeber-Betriebssystem wird damit die gesamte virtuelle Maschine und der vollständige VMM verborgen. Der VMM kann in Folge dessen nach Belieben die Hardware umprogrammieren.

2.2 Verschachtelte Virtualisierung – Windows 10

Mit Windows 10 Build 10565 und VMware Workstation ab Version 11, ist Nested Virtualization möglich. Nested Virtualization bedeutet so viel wie verschachtelte Virtualisierung und ist im Folgenden schematisch dargestellt.

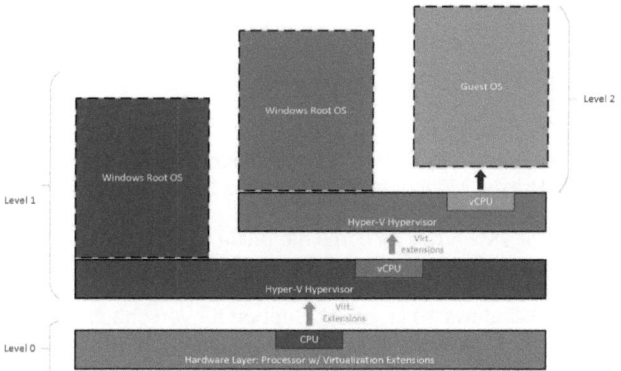

Abbildung 8: Schematischer Aufbau verschachtelter Virtualisierung[14]

Wie sich in Abbildung 8 unter Level 2 erkennen lässt, wird in der bisher gewohnten virtuellen Maschine eine zusätzliche virtuelle Maschine instanziiert. Mit der verschachtelten Virtualisierung werden damit die Einsatzmöglichkeiten erweitert und bietet sich somit, vor allem für Test- und Laborumgebungen an.[15] Innerhalb isolierter Umgebungen kann das Erzeugen von Test- und Entwickler-VMs, das Problem der sonst entstehenden Kosten für dedizierte Hardware eliminieren.

---

[14] *Wolfgang Sommergut*, Windows 10 Hyper-V: Support für verschachtelte Virtualisierung, 2015
[15] Vgl. *Sarah Cooley*, Windows Insider Preview: Nested Virtualization, 2015

3 Literaturverzeichnis

[1] Bugnion, Edouard u. a.: Bringing Virtualization to the x86 Architecture with the Original VMware Workstation, in: ACM Trans. Comput. Syst. 30 (2012), Heft 4, S. 1–51, http://dx.doi.org/10.1145/2382553.2382554

[2] Fertig, Andreas: Rechnerarchitektur Grundlagen, Norderstedt: Books on Demand, 2016

[3] Fritz, Michael u. a.: Windows 10 Pro: Das umfassende Handbuch, 2., aktualisierte und erweiterte Auflage, 1., korrigierter Nachdruck, Bonn: Rheinwerk Verlag GmbH, 2016

[4] Molch, David: Der Virtualisierungstechnologie auf der Spur: Grundlagen zur Einführung, Hamburg: Disserta-Verl., 2014

[5] Popek, Gerald J./Goldberg, Robert P.: Formal requirements for virtualizable third generation architectures, in: Commun. ACM 17 (1974), Heft 7, S. 412–421, http://dx.doi.org/10.1145/361011.361073

[6] Sarah Cooley: Windows Insider Preview: Nested Virtualization (2015), https://blogs.technet.microsoft.com/virtualization/2015/10/13/windows-insider-preview-nested-virtualization/ (Zugriff: 2017-02-16)

[7] Tanenbaum, Andrew S.: Moderne Betriebssysteme: Pearson Deutschland, 2016

[8] TecChannel (Hrsg.): Ratgeber Virtualisierung und Cloud Computing: Grundlagen, Planung, Praxis, München: IDG Business Media, 2011

[9] Ward, Brian: The book of VMware: The complete guide to VMware workstation, San Francisco, Calif.: No Starch Press, 2002

[10] Wolfgang Sommergut: Windows 10 Hyper-V: Support für verschachtelte Virtualisierung (2015), https://www.windowspro.de/wolfgang-sommergut/windows-10-hyper-v-support-fuer-verschachtelte-virtualisierung (Zugriff: 2017-02-16)

BEI GRIN MACHT SICH IHR WISSEN BEZAHLT

- Wir veröffentlichen Ihre Hausarbeit,
  Bachelor- und Masterarbeit

- Ihr eigenes eBook und Buch -
  weltweit in allen wichtigen Shops

- Verdienen Sie an jedem Verkauf

Jetzt bei www.GRIN.com hochladen und kostenlos publizieren